AF362684

DESCRIPTION

DES OBJETS D'ART,

DE LA COLLECTION

DE B. G. SAGE, de l'Institut de France, fondateur et directeur de la première École des Mines.

———

A PARIS,

———

1807.

AVERTISSEMENT.

J'ai passé trente années à rassembler et à faire exécuter ce qui forme ma collection. Familier avec les arts, je n'y ai admis que ce qui offrait des formes pures, et je n'ai mis en œuvre que des matières choisies et rares, que j'ai fait monter par les artistes les plus habiles. Les modèles de quelques monumens que j'ai fait exécuter, sont dans les proportions exactes.

Les colonnes, les cippes, les piédestaux, sont bien profilés, et offrent, avec les socles et les tablettes qui recouvrent les armoires en bois d'acajou, une suite de marbres et de brêches dures, dont les variétés fournissent un objet d'étude rendue facile par la description que j'en ai faite.

Les tableaux qui décorent ce cabinet, sont de bons maîtres, et offrent tous des sujets agréables.

Une statue grecque, en albâtre, ayant

les pieds, les mains et la tête en argent, et un buste de Cicéron en albâtre, dont la poitrine et les épaules sont d'un seul morceau d'améthyste de huit pouces de large, sur cinq de haut, offrent entre autres des objets capitaux de la plus belle conservation.

Deux grandes tables couvertes de glaces renferment des plaques d'agates, de jaspes, et d'autres pierres extrêmement rares.

Tous les objets qui constituent cette collection, sont en harmonie, et propres à orner le cabinet intérieur d'un Souverain, ami des arts.

J'ai formé cette collection, ainsi que le musée des mines à la Monnaie, lorsque j'avais de la fortune : on la dit aveugle, cela peut être ; mais ce que je puis affirmer, c'est qu'elle fuit les aveugles ; car elle m'a totalement abandonné à l'époque où j'ai été frappé de cécité.

DESCRIPTION

DES OBJETS D'ART,

DE LA COLLECTION

DE B. G. SAGE, DE L'INSTITUT DE FRANCE.

1. VASE de sardoine onyx , à zones brunes-foncées , concentriques , sur un fond d'un blanc mat ; il a trois pouces de diamètre, sur deux pouces de haut ; sa forme est ronde , un peu aplatie ; son couvercle est aussi de sardoine très-rare.

Ce vase précieux est porté sur un trépied à tête de femme, en bronze doré.

2. Vase de sardoine jaunâtre , à taches rouges de sang ; il a un goulot d'un pouce. Ce vase a trois pouces dans son grand diamètre, sur deux et demi de haut ; il est orné de feuilles d'acanthe en relief.

Ce vase est porté sur un piédestal octogone , en jaspe bleuâtre , à taches rouges pourprées, avec une plinthe de marbre noir, posée sur une plinthe à moulure en jaune antique, apposée sur une troisième plinthe de roche antique quartzeuse, à fond blanc et vert.

3. Vase d'émeraude, de deux pouces de haut, monté en argent doré, sur un piédestal en cristal de roche, d'un pouce et demi de haut.

Sur une des faces de ce socle est une tête de vieille femme, en jaspe jaunâtre, sur un socle de porphyre, monté en or moulu.

4. Deux vases de beau porphyre impérial, de douze pouces de hauteur, évidés, de la plus belle forme, ornés de beaux bronzes en or moulu, de sirènes qui se tiennent les mamelles avec les mains, et dont les pieds, en forme de queue de poisson, embrassent avec élégance une partie de la panse du vase, où elles se divisent en feuilles et grappes de raisin : ces sirènes, de figure charmante, sont assises sur des coussins.

La base de l'œuf du vase est empâtée dans une espèce de corbeille demi-sphérique, à arcades qui renferment des feuilles d'acanthe : la division de chaque arcade est terminée par une grappe de raisin.

Le piédouche est entouré d'une corde à puits, dorée, qui repose sur une plinthe en or moulu, et un socle de vert antique.

Les piédestaux, de marbre noir, sont

ornés de médaillons de porcelaine, dans des cadres de bronze en or moulu.

5. Vase de granit rose, avec piédouche et couvercle, de six pouces et demi de hauteur, sur un cippe de beau serpentin vert, dont le tors et la base sont en or moulu.

6. Vase du plus beau porphyre, de forme semblable au précédent, porté sur un socle semblable.

7. Vase très-rare, de basalte vert antique, de huit pouces et demi de hauteur, du diamètre de quatre pouces quatre lignes : les anses sont prises dans la masse, sur un cippe en beau serpentin, et un tors de jaune antique, sur une plinthe en griotte.

8. Vase de brèche universelle dure antique, de Magatane en Égypte, de douze pouces dix lignes de haut, sur six pouces de diamètre. Le fond a une teinte verdâtre ; il renferme des fragmens de jaspe de différentes couleurs, des portions de granit, de porphyre et d'améthyste.

Le piédestal est de brèche verte antique calcaire. Il y a sur une des faces un petit tableau en miniature, de Klingstet, qui représente une jeune fille qui attend avec impatience son amant, qui entre par une fenêtre, quoique le père et la mère soient couchés ensemble dans une chambre qui n'est séparée que par une cloison de planches.

9. Deux vases de neuf pouces dix lignes de hauteur, de porphyre gris, nommé *téphrias* par Pline, entre-mêlé de points pyriteux. Leur ouverture est ornée d'une gorge en or moulu, avec un rebord à feuilles d'a-canthe.

Deux têtes de satyres barbus, coiffées de feuilles de vignes et de grappes de raisin qui s'étendent circulairement, ornent ce vase dont le pied offre un tors en laurier d'or moulu, ainsi que la plinthe.

10. Deux vases en brèche universelle dure, de Magatane en Égypte, de huit pouces de hauteur, sur six pouces de diamètre.

Leurs piédestaux sont en spath-fluor vio-let, et ont six pouces de haut.

11. Vase en forme de bouteille, de deux pouces de diamètre, sur autant de hauteur, en sardoine onyx, terminé par une coupe ronde. Ce vase est porté sur un cippe de pierre ollaire verdâtre, avec plinthe de porphyre violet.

12. Vase de brèche orbiculaire d'Olmeto, of-frant des cercles concentriques de feld-spath blanc et de hornblende verte. Ce vase a trois

pouces et demi de haut ; il est porté sur un piédestal carré-long de caillou de Rennes, de trois pouces de hauteur , sur deux de large. Sa base est en or moulu.

13. Vase d'argile rubanée , jaunâtre et purpurine, de la Solfatare ; il a trois pouces de haut ; il est porté par un socle de porphyre carré-long , ayant la même hauteur, et orné d'une bordure en or moulu , comme le précédent.

14. Vase en jaspe vert , mêlé de taches rouges , de deux pouces et demi ; diamètre , deux pouces , porté sur un cippe de bel améthyste, de quatre pouces de haut, dont le tors et la plinthe sont en or moulu.

15. Vase ovale , de lapis pyriteux , ciselé , guilloché , de deux pouces de haut , avec son couvercle ; il est porté sur un cippe de lapis, de quatre pouces de haut, sur un pouce et demi de diamètre.

16. Vase aplati , fait avec une roche composée de feld-spath rose et de hornblende verte des environs de Lyon ; il a trois pouces de diamètre , sur deux pouces et demi de hauteur ; il est posé sur un trépied en bronze doré, à tête et pieds de bélier. Sur la traverse du bas est un petit vase en jaspe vert.

17. Vase comprimé, de jaspe fleuri, bleuâtre, jaune et rouge gaudroné, de trois pouces de haut, sur autant de large, posé sur un socle de cristal de roche, hexagone.

18. Coupe de jaspe vert sanguin, avec son piédouche, de trois pouces et demi de diamètre, sur une plinthe de porphyre qui termine un piédestal carré-long, en marbre campan couleur de chair, veiné, vert, monté en or moulu.

Sur une face de ce socle est un camayeu en porcelaine, représentant deux femmes, dont l'une tient un thyrse, et l'autre une branche de laurier.

19. Coupe de cristal de roche, de la plus belle eau, d'environ trois pouces de diamètre, sur un de profondeur, avec piédouche pris dans le morceau. Le piédestal, octogone, est en cristal de roche; le socle en brocatelle et griotte.

20. Coupe plate, en jaspe vert sanguin, avec piédouche, sur un cippe de même jaspe, de deux pouces et demi de haut, ayant pour socle une boîte de jaspe verdâtre, sur laquelle est aussi posée une Minerve en bronze doré, armée de sa lance et de son bouclier.

21. Deux vases aplatis, d'une roche composée de jade d'un blanc verdâtre et de hornblende

noirâtre, avec gorge et anses en or moulu, ainsi que les pieds. Hauteur, sept pouces.

22. Pot-pourri ou cassolette ovale, en porphyre vert, d'un pied de long, sur cinq pouces de diamètre, avec un couvercle, séparé du corps du vase par une galerie à jour en or moulu, couronnée par un fruit et des feuilles d'acanthe. Le piédouche est terminé par une plinthe en or moulu, sur un socle carré-long de brocatelle, dont une des faces, en mosaïque de Florence, représente un oiseau.

23. Coupe d'agate d'Allemagne, violacée et jaune, de quatre pouces de long, sur deux pouces et demi de large, avec un piédouche en jaspe vert, sur un socle carré-long d'un marbre antique jaune, à petites taches blanches, carré-long. Sur une face est un camée en porcelaine, à fond bleu et blanc, qui représente quatre petits Amours qui s'approchent d'un autel pour y sacrifier.

23 *bis*. Gobelet en jaspe d'un rouge tendre, briqueté, évidé très-délicatement, et guilloché d'une manière agréable; il a près de trois pouces de haut, sur deux pouces et demi d'évasement; il est étonné, et posé sur une plinthe de *verde corsico*, et un socle de jaune antique.

24. Vase de spath-fluor améthysté, de sept pouces de haut, ayant pour anses deux serpens entrelacés, et deux mascarons en bronze doré, sur une plinthe de marbre antique, d'un jaune rougeâtre.

25. Vase de spath-fluor améthysté, surmonté d'une pomme de pin, avec un piédouche en bronze doré. Même hauteur et diamètre.

26. Deux vases de spath-fluor, dont l'un renferme de la pyrite martiale, et l'autre de la galène ou mine de plomb sulfureuse de Derbishire. Ces vases ont quatre pouces de hauteur ; ils sont sur des piédestaux de cristal de roche, de trois pouces et demi de haut.

27. Vase de spath-fluor d'Auvergne, de dix pouces de hauteur, sur cinq de diamètre. Ce spath-fluor est mêlé de quartz blanc ; il offre des couleurs variées, violacées, vertes et purpurines. Cette belle roche n'a pas été employée jusqu'à présent.

Ce vase a pour piédestal un cippe de marbre vert porreau d'Égypte, qui est une stéatite striée chatoyante, enrichie d'une Muse qui pince de la guitare ; elle est assise sur un fauteuil antique, en or moulu.

28. Vase de lave grise du Vésuve, avec des portions de schorl noir et des points blancs.

Les anses sont prises dans la masse ; elles sont élégamment tournées et divisées en deux.

29. Deux vases oblongs, d'un marbre jaune ventre de biche, herborisé. Ce marbre a été trouvé dans les scissures d'une carrière qui s'est effondrée à la barrière d'Enfer.

Ces vases ont dix pouces de haut : leurs plinthes sont en jade blanc, mêlé de horn-blende verte.

30. Vase oblong, en marbre d'Égypte couleur de chair, parsemé de dendrites noires. Hauteur du vase, avec son piédouche, six pouces ; longueur, sept ; largeur, cinq. Sur un socle carré-long de brocatelle, dont une des faces, en mosaïque de Florence, représente un oiseau.

31. Vase de rouge antique, dont les anses sont prises dans la masse. Hauteur, cinq pouces et demi.

32. Vase oblong de lumachelle grise ; longueur, six pouces, sur trois de large et quatre de haut. Sur un socle formé d'une plinthe de porphyre et de granit ou quartz micacé.

33. Vasque, vase oblong de brèche calcaire antique, jaune, rougeâtre et grisâtre, portée sur des griffes de lion en bronze doré,

et ornée de mascarons. Cette vasque a dix pouces et demi de long, sur cinq de large ; plinthe noire.

34. Deux vases d'albâtre romain, de cinq pouces de hauteur, dont les anses sont prises dans le morceau, avec des socles d'albâtre rubané, avec entablement de rouge antique. Les tors et les plinthes sont aussi de rouge antique.

35. Vase de marbre de Corse, serpentiné, rougeâtre et verdâtre, tacheté comme la peau des serpens. Les anses sont prises dans la masse. Le piédouche est entortillé d'une couronne prise aussi dans la masse, ainsi que la plinthe. Il est orné de feuilles d'acanthe. Hauteur, huit pouces.

36. Coupe faite avec le marbre réticulé de Suède, qui est un madrépore pétrifié à points de chénete. Sa couleur est d'un gris cendré, et les points de chénete presque blancs. Le piédestal, carré-long à trois pouces de hauteur, est du même marbre que le vase, qui a deux pouces de haut, sur trois de diamètre.

Ce morceau est unique, et est à piédouche.

37. Coupe plate de lumachelle grise, de quatre pouces de diamètre, avec piédouche ; elle est sur un autel antique, en brocatelle

ornée de mascarons. La plinthe est de marbre noir.

38. Coupe de pierre ollaire verte, transparente, de Corse, de deux pouces de diamètre, sur huit lignes de hauteur. Sur un cippe de serpentine, cannelé.

39. Vase de serpentine verdâtre, veinée de noir, de Saint-Brieuc en Bretagne. Hauteur, cinq pouces.

40. Vase en terre cuite, de forme conoïdale, dont les anses offrent des feuilles de laurier. Le goulot est à stries ou crénelures contournées. Ce vase, qui a huit pouces et demi de haut, sur quatre pouces de diamètre, offre sur sa panse des femmes qui font un sacrifice à Priape, devant lequel est un enfant à genoux, auquel une femme apporte une couronne. A l'opposé est une femme demi-nue, jouant de la flûte ; elle porte une de ses mains sur Priape. La quatrième figure représente un homme qui allume du feu sur un autel, où il fait des libations avec une aiguière qu'il tient de la main gauche.

Ce vase est sur une plinthe de vert campan, posée sur un socle en or moulu, avec ronds et rosaces.

41. Autre vase de terre cuite, de même forme, mais dont le bas-relief offre un Centaure qui

porte sur son dos un Amour ailé qu'une femme a déposé sur lui : une autre le précède en dansant, ayant en main un tambour de basque. Un satyre tient d'une main un bouc par les pattes de devant, et porte une urne sur son épaule gauche.

42. Vase de terre cuite, de forme conoïdale, de dix pouces de hauteur, sur trois et demi dans son grand diamètre, terminé par des anses formées par des serpens enlacés sur la panse du vase. On voit en relief Silène qui tient d'une main mal assurée une coupe dont le vin découle. Dans cet état d'ivresse, il est soutenu par un homme qui sonne d'une trompe recourbée. Sous la coupe de Silène est un Amour ailé qu'une femme fait danser en le tenant par la main ; de l'autre elle tient une flûte. Une autre femme, armée d'un thyrse de la main droite, présente de la gauche une grappe de raisin à un lion.

Le bas du vase est orné de feuilles d'acanthe, et le haut, d'un cordon de feuilles de laurier. Le pied du vase est un tors de bronze doré ; il est enfilé dans une broche qui est fixée dans une plinthe de bleu turquin.

43. Vase de terre cuite, de la même forme, représentant quatre danseuses qui se tiennent par la main.

44.

44. Coupe ou tasse à deux anses, nommée improprement *pâte de riz de la Chine* : c'est une vitrification pesante, d'un blanc laiteux, ayant quelque ressemblance avec le jade, sur une plinthe de granit rose. Le socle est de marbre connu sous le nom de vert de mer ; il porte deux bonzes en pierre de lard ou stéatite, posés au pied du vase, qui a deux pouces et demi de haut, sur trois de diamètre.

45. Deux vases de cuivre émaillé de Limoges, du tems de François Ier. ; ils ont trois pouces de haut ; ils représentent le triomphe et les amours d'un dieu marin. Les émaux sont ce que j'ai vu de mieux, ainsi que les dessins ; ils sont sur des piédestaux de marbre cipolin.

46. Deux vases indiens, ornés de nacre de perle, disposés en mosaïque ; de fleurs et de dessins rehaussés d'or, enrichis de grenats, de malachite et de corail, montés sur des socles en or moulu. La hauteur des vases est de sept pouces ; ils sont sur des plinthes de griotte.

47. Colonne de porphyre vert des Vosges, de dix-huit pouces de hauteur, sur deux pouces quatre lignes de diamètre, à chapiteau d'ordre ionique, en bronze doré, ainsi que sa base et son tors. Le piédestal est en beau marbre noir. Sur une des faces est un

B

médaillon représentant une femme assise au pied d'un arbre ; elle donne des fruits à deux jeunes enfans. Au sommet de la colonne est une plinthe en serpentin, qui porte le Faune *à la tache*, en rouge antique.

48. Obélisque en griotte, posé sur quatre tortues en bronze doré, et terminé par une urne de trois pouces de haut, sur quatre pouces de diamètre vers la base, tandis que son sommet n'a que six lignes de diamètre. Sur une des faces, et à la partie supérieure de l'obélisque, est une Nymphe qui porte une corbeille de fruits, et tient une guirlande de fleurs. Au dessous sont les médaillons du Dauphin, de Madame, de Louis XVI et de la Reine. Le bas-relief du piédestal représente une femme qui gronde l'Amour.

49. Obélisque semblable au précédent, dont les médaillons diffèrent : le premier représente une Bacchante ivre, qui tient un thyrse d'une main, et de l'autre une grappe de raisin qu'elle éleve au dessus de sa tête. Dessous sont les bustes de Mirabeau, Lafayette, Bailli et Pétion.

Le bas-relief du piédestal représente Guillaume Tell, abattant avec une flèche une pomme placée sur la tête de son fils.

50. Borne du cirque de Flore, qui se voyait
à Rome dans les jardins de la Villa-Albani;
elle avait dix pieds de haut, était en marbre blanc, et offrait des danseuses sculptées vers la base, tandis que vers le milieu
était un thyrse (*) sculpté, et quelques couronnes de laurier.

Le modèle de cette borne, que j'ai fait
exécuter, a près de vingt pouces; il est en
jaune antique. Elle est ornée d'un thyrse et
de plusieurs couronnes sculptées, avec des
agrafes pour attacher les véritables couronnes destinées aux vainqueurs. À la base
sont sept danseuses en bronze doré. Au
dessous sont trois mascarons. Le piédestal
de cette borne est un fût de colonne en granit rose, avec tors et plate-forme en bleu
turquin.

51. Colonne de purpurine, de trois pouces de
haut, sur sept lignes de large; elle est sur-

____

(*) Le thyrse était une demi-pique ornée de feuillages
de lierre, et de pampres de vignes entrelacées en forme
de bandelettes.

Le thyrse était à la fois l'arme et le symbole de Bac-
chus, des Bacchantes et des Ménades; ce qui était une
arme dangereuse dans les mains de ces furieuses.

Les Juifs portaient aussi des thyrses et des feuilles de
palmier vertes pendant les fêtes du tabernacle.

montée d'une urne en jade verdâtre cré-
nelé, avec son couvercle terminé par une
petite boule de cornaline.

52. Colonne d'albâtre de Montmartre, d'un
jaune-brun veiné, de différentes nuances,
de treize pouces de hauteur, sur deux de
diamètre.

Cette colonne, d'ordre dorique, est terminée par un entablement régulier, composé de marbres de différentes espèces, de
jaune antique, de griotte, de bleu veiné et
de vert antique.

Sur cette colonne est un petit groupe en
bronze, qui représente Silène tenant un enfant dans ses bras. Ce bronze, qui est d'une
grande finesse d'exécution, a trois pouces
de haut. Le piédestal est en bleu turquin
veiné ; la cymaise de jaune antique, avec
plinthe de portor.

53. Colonne en albâtre gypseux gris et rougeâtre, dans les mêmes proportions que la
précédente, ainsi que le piédestal et l'entablement. La statue en bronze qui est dessus,
représente Hercule tenant de la main gauche sa massue sur l'épaule, et sa main droite
près son nombril.

54. Colonne en calcédoine veinée, de trois
pouces de haut, sur sept lignes de diamè-

tre. On remarque au milieu deux têtes ou mascarons brunâtres, opposés. Le dé du piédestal est de malachite.

Sur la colonne est un vase en jaspe rubané, d'un gris brun, avec des zones blanchâtres. Ce vase, à côtes, est surmonté d'un grain de cornaline.

55. Colonne d'agate lie de vin, nuancée et veinée, avec une espèce d'écusson grisâtre; elle a trois pouces de haut, sur huit lignes de diamètre. Cette colonne porte un vase de lapis pyriteux, aplati, avec des anses ornées de mascarons. Ce vase est surmonté d'une perle.

56. Deux colonnes de marbre vert campan, de vingt-un pouces de hauteur, du diamètre de deux pouces huit lignes. Sur l'une est un berger en bronze, qui cherche à extraire une épine de son pied.

L'autre colonne porte un bronze qui représente une femme qui cherche aussi une épine dans son pied.

57. Obélisque en albâtre de Montmartre, de quatre pouces de hauteur, sur un pouce de diamètre, sur un piédestal qui offre sur une face une porte.

58. Obélisque en porphyre, de dix pouces de hauteur. Son sommet est terminé par un

aigle doré. Son piédestal est d'albâtre antique blanc, et porte sur une face une inscription latine. La cymaise est de rouge
antique. Le piédestal repose sur trois mar-
ches de bleu turquin ; il est élevé sur un
cube de marbre jaune et noir, dont une
face est ornée d'une mosaïque en marbres
de rapport, qui offre un des aspects du Port
de Marseille.

59. Obélisque en jaune antique, de quatorze
pouces et demi de hauteur, sur un diamètre de deux pouces. Sur une des faces de
l'obélisque est fixé un flambeau funéraire
en marbre arénacé lie de vin ; plus bas est
un bronze qui représente un Amour qui
tient une lyre, le portrait de madame la
duchesse d'Orléans en porcelaine, celui de
madame de Montespan en émail.

Le piédestal est de veyrède ou marbre veiné
rougeâtre, orné d'une mosaïque qui représente quatre colombes qui boivent dans un
canthare.

60. Grande nautile, dont la coupe transver-
sale des chambres offre un casque avec sa
visiere. Vers le haut est un écusson gravé
à la pointe. Les faces de la coquille offrent
des tableaux de Teniers, dont l'un représente une tabagie, où un joueur de violon

est écouté par des femmes et des hommes à figures grotesques. Un d'eux lit une gazette. Ce tableau offre quatorze personnages : des arbres le décorent. L'autre face en présente autant ; mais ce qui est le plus remarquable est un homme qui prend le menton d'une femme ; d'autres hommes sont à boire sur le cul d'un tonneau.

Cette coquille est montée en argent doré, sur un piédestal carré-long de bois de rose.

61. Coquille faite avec un morceau d'ambre jaune, de quatre pouces de long, sur deux de haut : au milieu est une femme couchée sur le ventre : sa figure est très-agréable. Ce morceau d'ambre est porté sur une corbeille à jour, faite avec de petites coquilles nacrées de la Chine, inscrites les unes dans les autres, et ornées d'étuis de scarabées vert chatoyant, sur un socle de petit serpentin des Vosges.

62. Ouvrage indien, en filigrane d'argent, représentant un arbre de six pouces de haut, sur lequel est perché une espèce d'ibis, à ailes étendues ; un autre qui est à terre, se retourne pour le regarder. Des plantes, des mouches, des papillons, ornent le sol, qui offre un plateau de filigrane, de quatre pouces de diamètre.

Ce travail, surprenant par sa délicatesse, est porté sur un socle de marbre jaune de Sienne, recouvert d'un bocal de cristal. La plinthe est de brêche africaine.

63. Sarcophage en calcédoine, dont le couvercle est d'agate herbée. Le pied est en bronze, et le dé en porphyre. Sur une des faces du sarcophage est un buste de corail, couronné. Le couvercle est surmonté d'une coupe en jaspe sanguin, portée par un piédouche de jade mêlé de schorl vert-foncé. La strade est formée d'une tablette de marbre vert de mer, et d'une autre de marbre blanc.

Deux sphinx en or moulu sont aux côtés du piédestal cubique, en porphyre.

Le sarcophage a trois pouces d'évasement ou de longueur, sur un pouce et demi de largeur.

64. Vase fait avec un coco gravé, de six pouces de hauteur. On voit sur une des faces un cavalier qui accueille et salue une femme; sur l'autre face ils sont réunis, et se tiennent sous le bras. Dans la troisième partie l'homme embrasse l'*honesta*, dont la gorge est découverte; ils boivent et trinquent ensemble, tandis qu'un vielleur joue d'un air moqueur.

65. Médaille d'or, émaillée, de la grandeur d'un quadruple, représentant François Ier. Aux deux côtés, vers le haut, sont des couronnes d'or, soutenues sur des branches de laurier et des bâtons terminés par des lis, sur un fond noir enrichi de perles, d'émeraudes, de grenats et de boutons d'or émaillés.

Le pourtour du cadre est entouré de grenats, de boules de lapis, de calcédoine, d'agate onyx, et de pendeloques de cristaux de roche, taillées et montées en or.

Le derrière de ce tableau est en velours cramoisi, avec les lettres F. II.

66. Trépied (*) de trois pouces de haut, à têtes

(*) Le trépied est le support, ou d'une table, ou d'un siége, ou d'une cuvette : il y en avait qui servaient d'autel : on en faisait offrande aux dieux. Après la bataille de Platée, les Grecs en donnèrent un au temple d'Apollon, dont le bassin était d'or : le trépied qui le portait, était en bronze ; il avait quinze pieds de hauteur, et était formé de trois serpens roulés en spirale.

On a trouvé dans la maison de campagne d'Adrien, un trépied de cinq pieds de hauteur, en pierre de touche, du plus beau travail grec.

Les trépieds étaient, dans la Grèce, ce que les couronnes et les boucliers votifs furent chez les Romains, c'est-à-dire, des offrandes que l'on faisait aux dieux, aux héros, aux talens.

de lions avec des anneaux dans la gueule ;
les gaînes sont terminées par des griffes de
lion avec un thyrse au milieu. Ce trépied
porte une coupe de malachite.

Ce trépied est porté sur un socle de porphyre, monté en or moulu.

67. Trépied semblable au précédent, avec une
coupe de sardoine d'un brun-rouge.

68. Petit autel antique ovale, en serpentin ou
ophite brun, de trois pouces de hauteur,
sur autant dans son grand diamètre. Il est
gravé dans Caylus.

69. Pied ou cothurne votif, en bronze.

70. Miroir dont se servaient les Romains ; il
est composé de cuivre et d'étain, comme
les miroirs de télescope. Ce miroir est extrêmement précieux.

71. Reliquaire du douzième siècle : c'est un
disque de bois, de deux pouces de diamètre, travaillé à jour. Au centre est le Père
éternel, qui tient un livre ouvert sur ses
genoux. Il est entouré de huit petits cercles, dont chacun renferme les bustes de
Saints mitrés.

Le revers offre la figure d'une femme
vêtue en religieuse ; elle a sur son estomac
une autre figure qui représente un jeune
enfant. Autour de ce grand disque sont huit

cercles, avec six bustes de Saints, et deux de Saintes.

Au milieu du cercle est un petit dôme, de huit lignes de haut, sur quatre de diamètre; il est soutenu par six petites colonnes.

Le pédicule, à jour, offre aussi six petites colonnes circulaires.

Cet ouvrage délicat paraît avoir été fait au canif; il est porté sur un cippe de bleu turquin veiné.

72. Tasses et soucoupes de faïence, d'après les dessins de Raphaël.

73. Bouteille d'ambre jaune, gravée en relief à sa surface, qui représente des enfans. Ce vase est sur un cippe de marbre vert de mer, avec plinthe de jaune de Sienne.

74. Deux bouteilles de porcelaine jaune de la Chine, montées en or moulu. Hauteur, huit pouces et demi.

75. Bouteille de porcelaine craquelée de la Chine, avec deux mascarons bruns à la naissance du goulot. Au dessous est un dessin en relief, en bâtons rompus.

Cette bouteille, montée en or moulu, a sept pouces et demi de haut.

76. Porcelaine du Japon, ayant la forme d'une courge, haute de quatre pouces, sur un

socle de granit noir antique, roche composée de hornblende verdâtre et de feld-
spath blanc.

77. Pierre d'aimant, montée en argent, avec
son support.

78. Bas-relief en marbre blanc, fait par les
eaux des bains de Saint-Philippe, représentant Vénus aux belles fesses (Callipige).
Cet ovale a neuf pouces de haut ; il est dans
un cadre, entre deux verres.

79. Bas-relief en marbre, faisant le pendant
du précédent ; il représente Apollon jouant
de la lyre.

80. Pierre de lard, d'un rose-pâle, représentant une fabrique chinoise, avec des arbres
et des maisons, au pied desquelles sont des
bateaux, dont un est à moitié couvert par
une espèce de cabane : on y remarque des
hommes qui déchargent des bateaux, et la
manière dont on déballe et transporte les
fardeaux.

Cette sculpture a six pouces de long, sur
quatre de large.

81. Bas-relief de terre cuite, de trois pieds de
long, sur huit pouces de haut, d'une belle
composition ; il représente le triomphe
d'Amphitrite. Dans un cadre doré.

82. Animal quadrupède, à gueule de lion,

ayant une corne sur la tête ; il porte un Chinois qui tient un sceptre d'une main , en pierre de lard grise , sur une plinthe de même pierre rouge. Longueur, huit pouces ; hauteur, neuf. Il est sur un piédestal ovale de marbre noir , avec un petit tableau en émail , qui représente quatre petits enfans qui jouent.

83. Autre animal quadrupède, chimérique, qui n'a ni queue, ni cornes sur la tête : une Chinoise est assise dessus. La pierre de lard est semblable à la précédente, ainsi que le socle.

84. Lions en marbre rouge antique, couchés, et ayant une patte sur l'autre ; ils ont cinq pouces et demi de long, sur trois pouces de large. Les bords de la plinthe sont chargés de caractères hiéroglyphiques. Les plinthes sont une roche composée de feld-spath blanc et de hornblende noirâtre, avec un pourtour de bronze porté sur une plinthe de marbre noir.

85. Buste de Cicéron, ayant dix pouces de hauteur. La tête est en albâtre calcaire blanc antique. Le corps, qui a huit pouces de large, et qui est très-bien drapé, est d'un seul morceau d'améthyste.

Ce buste est unique. Le piédestal est en

marbre campan vert, orné d'une mosaïque très-fine, qui représente le temple de la Sibylle et la cascade de Tivoli.

86. Statue grecque, en albâtre antique transparent, ayant la tête, les pieds et les mains en argent; elle tient dans une main une corne d'abondance, et dans l'autre des épis de blé. Cette statue a près de dix pouces de hauteur : ses draperies sont admirables.

Le piédestal est d'albâtre calcaire veiné de Montmartre. Sur une des faces est une médaille en jade, très-bien gravée en 1720. Son inscription est en latin, et fait connaître qu'elle était destinée pour un monument élevé par la piété.

Le jade étant aussi dur que le diamant, on doit regarder la gravure de cette médaille comme une chose unique.

Le dé sur lequel est ce piédestal est en griotte; il est orné d'un bas-relief en porcelaine camayeu, qui représente un autel antique, devant lequel une femme pose une guirlande de fleurs; une autre porte une corbeille de fruits; un enfant joue de deux flûtes.

87. Groupe de deux personnages en ivoire, représentant un homme qui abaisse d'une main la tête d'une femme qui a les cheveux

épars et un pied dans un baquet ; elle le lave avec sa main droite, tandis qu'elle se soutient de la main gauche sur ce baquet : l'homme lui verse de l'eau sur la tête. Son bras est entouré vers le haut d'une serviette nouée.

L'une et l'autre de ces figures est riante : leurs formes, bien marquées, offrent le groupe le plus agréable, qui repose sur une plinthe d'ivoire et un socle ovale de lave d'un gris cendré, à taches grises, sur une plinthe de marbre noir.

88. Bustes antiques de femmes romaines, dont la tête est de rouge antique, et le buste en albâtre calcaire blanc, sur des piédestaux carrés-longs, de granit rose d'Égypte. L'autre piédestal est de granitel, roche composée de quartz laiteux blanchâtre et de hornblende noir.

La base de ces piédestaux est en or moulu, ainsi que les trépieds, qui sont sur une des faces des piédestaux.

89. Groupe en rouge antique, de six pouces de hauteur, représentant Mars qui tient Vénus dans ses bras, et qui l'embrasse étroitement. Vénus lui enlève son casque de la main droite, et son sabre de la gauche. Un dauphin qui est entre eux deux

dérobe les charmes de Vénus. Ce groupe est posé sur un socle de marbre blanc, à deux gradins.

90. Grand camée fait d'une portion de lambis, de près de trois pouces de hauteur; il représente une femme qui a les cheveux épars sur ses épaules. Le rosé de la coquille donne une carnation très-vraie. Ce camée est sur un cippe de sérancolin.

91. Petite statue mutilée, antique, représentant un homme à moustaches, coiffé avec une peau de lion, dont deux pattes ou grifes sont croisées sur son estomac; les deux autres sur son pubis. La crinière du lion semble lui faire une perruque. Ce reste de statue a quatre pouces de haut, et paraît une imitation du Pasquin qu'on voit à Rome.

92. Piédestal octogone, en bois agatisé de Cobourg, blanc et vert, portant deux piédestaux octogones, en cristal de roche. Sur l'un est une Vierge en corail rouge, tenant dans ses bras l'enfant Jésus, qui a dans ses mains une boule. Ce groupe, de deux pouces et demi de haut, est très-bien sculpté.

Sur l'autre socle est un Saint François en bois, dont la robe est rapiécée : la tête du Saint est très-jolie.

Au milieu est un socle en jaspe sanguin,

avec

avec un cercle d'or ; il porte trois caryatides acolées, en bronze doré ; elles ont sur leur tête un vase en jaspe agate, évidé, de la forme la plus agréable.

93. Tête de Méduse, en albâtre gypseux blanc de Volterra, sur un piédouche. Cette tête, évidée, est demi-transparente ; elle est posée sur un socle de brèche noire antique. Hauteur, neuf pouces et demi.

94. Deux belles têtes en ivoire, sur des corps d'ébène, dont le milieu est enrichi de saphir et d'émeraude. Les socles sont en porphyre, montés en bronze doré, dont la plinthe est de porphyre des Vosges. Hauteur des bustes, cinq pouces.

95. Buste de femme, en calcédoine, de trois pouces de haut, enveloppé d'un manteau massif en argent doré, avec un collier de perle, sur un dé de marbre noir.

96. Musicien indien, tenant dans ses mains un rouleau de musique ouvert. Sa robe est une mosaïque en nacre, malachite et or. Sa ceinture est de grenat syrien, émeraude et topaze, avec une grande plaque de rubis pâle sur sa poitrine. Le devant de son bonnet est enrichi de deux péridots et de deux topazes, et le derrière de malachite et de rubis.

Le dessus des souliers offre deux pierres inconnues, d'un jaune orangé.

Le piédestal est parqueté de nacre. Sur le devant est un mascaron en nacre, enrichi de topazes, de turquoises et de grenats : les trois autres côtés sont aussi enrichis de diverses pierres. Ce musicien est porté sur une plinthe en or moulu.

97. Le serment chinois, groupe de quatre Chinois en porcelaine blanche ancienne : trois sont debout devant une table, ont la main levée pour prêter serment. Un d'eux a son chapeau sur la table, et un tabouret à trois pieds devant lui; un quatrième est accroupi, et a la main étendue pour ramasser une pièce de monnaie. Ces Chinois ont trois pouces et demi de hauteur. Ce groupe est sur un socle de bronze en or moulu.

98. Autre groupe de quatre Chinois, dans l'attitude d'hommes qui accusent de faux, et menacent un d'eux qui a fait un faux serment.

99. Groupe des trois Grâces, de Germain Pilon, en bronze doré, de quatre pouces de haut; elles portent des coupes d'agate orientale, de deux pouces de diamètre.

100. Buste de Louis XII, en fer doré, de trois pouces de haut, sur un cippe d'albâtre.

101. Buste antique d'un vieillard à grande barbe, ayant la tête ceinte d'un diadême, en marbre grisâtre, sur un piédouche en marbre jaunâtre arborisé, avec plinthe de marbre blanc.

102. Buste antique en bronze, du Jupiter Stator, de Myron, de deux pouces et demi de haut, sur un piédouche en griotte.

103. Deux bronzes japonais, représentant des femmes avec doubles tuniques à longues manches brodées par le bas, et rehaussées d'or. Une de ces femmes tient un éventail baissé; l'autre, un mouchoir sur le côté; elle paraît mélancolique et enceinte; elles sont portées sur des cippes de vert antique.

104. Bronze représentant Antinoüs, de huit pouces de haut, sur un cippe de quartz micacé noir, de cinq pouces de haut.

105. Soldat nu, de bronze, couvert de cicatrices; il tient d'une main son sabre; il appuie l'autre sur son bouclier. Son casque est à ses pieds. Hauteur, huit pouces, sur un cippe de marbre bleu veiné.

106. Statue de femme assise, vêtue à la romaine. Sa tête, ses pieds et ses bras sont en ivoire. Le corps, très-bien drapé, est en ébène. Hauteur, cinq pouces. Plinthe de marbre blanc.

107. Une Isis en basalte, tenant en ses mains
le jeune dieu Horus , avec le boisseau
d'abondance sur la tête. Les Égyptiens la
croyaient assez puissante pour obliger le
Nil à suivre son cours ordinaire lorsqu'il
voulait s'en écarter. Cette statue d'Isis est
de la plus haute antiquité ; elle est sur une
plinthe de marbre rouge. Hauteur, huit
pouces.

108. Terre cuite de François, représentant un
enfant, de quatre pouces et demi de haut,
sur un socle de marbre campan.

109. Terre cuite , représentant un jeune satyre couronné de lierre, serrant des grappes de raisin dans ses bras. Hauteur, six
pouces.

110. Terre cuite noire, représentant un buste
de Vestale avec ses ornemens dorés. Hauteur, dix pouces.

111. Chinois à longues oreilles, assis au pied
d'un arbre ; il a près de lui un petit Chinois
ayant un sabre à son côté : la tête et les
mains du Chinois assis sont en pierre de
lard, couleur de chair , tandis que le corps
est en stéatite noire. D'autres Chinois écou-
tent le prédicateur , tandis qu'un d'eux a
les bras croisés et rit du sermoneur. Ces
personnages, de trois, cinq et six pouces

de hauteur, sont sur un socle de marbre vert antique.

112. Pagode en cristal de roche, de cinq pouces et demi de haut, sur un socle d'améthyste de deux pouces et demi de haut, sur quatre de long.

113. Magot en porcelaine chinoise, représentant un Nègre avec des boucles d'oreilles, vêtu d'une tunique bleue, recouverte d'une autre brodée ; il est couché, et a le bras droit appuyé sur une courge. Ce Nègre a ses cheveux retenus par une aiguille dorée, et la tête ceinte d'un cordon rouge. Il tient d'une main une canne terminée par un croissant. Longueur de cette belle porcelaine, six pouces, sur une plinthe dorée et un socle de marbre noir.

114. Porcelaine chinoise, représentant deux magots assis, tenant de la main droite une espèce de tambour plat, et de l'autre un bouquet ; ils ont un chapeau rond festoné, surmonté d'une espèce d'étoile rouge à huit divisions. Leur queue est sur l'épaule gauche. Ces magots sont sur des plinthes dorées.

115. Magot en terre de Boucaro.

116. Magot en porcelaine.

117. Magot en pierre de lard, dans une attitude grotesque.

118. Cuisinier chinois en bois, en veste brune, avec une serviette autour de la ceinture ; il tient de la main droite un poisson rouge de la Chine ; l'autre est élevée, et s'agite en signe d'admiration.

119. Jardinier chinois, portant un pot de fleurs ; il est vêtu en grande robe, avec un pantalon singulier et une écharpe dorée ; il a une forte bosse sur le front, et la bouche ouverte. Ces magots ont sept pouces de haut.

120. Marbre blanc, représentant un enfant couché sur le côté, ayant une portion de draperie entre ses jambes. Longueur et hauteur, six pouces, porté sur une plinthe en forme de lit, en or moulu.

121. Marbre blanc, représentant un enfant qui dort sur un lit ; il a les jambes croisées, la main gauche étendue sur l'estomac, et la droite sur sa cuisse. Le socle est en or moulu, sur une plinthe de marbre noir. Longueur, neuf pouces.

122. Groupe en marbre blanc, représentant deux enfans occupés à faire manger du raisin à un bouc. Un d'eux est à cheval sur lui, et tient de la main gauche une coupe. Une draperie lui couvre en partie les reins. Sur la plinthe sont des raisins et des feuilles de vigne. Le socle est de marbre noir.

Ce groupe offre un carré-long de quatre pouces et demi, sur deux et demi; la hauteur est de cinq pouces.

123. Tableau peint sur toile, à Rome, par Garnier. Il représente Socrate arrachant Alcibiade des bras de trois belles filles : une d'elles est étendue sur un lit, et se soutient sur le coude droit; elle cherche à dérober ses appas en tirant à elle un drap. La demi-honteuse regarde Socrate et Alcibiade avec embarras. Une autre de ces belles filles est nue, et agenouillée sur le même lit. Sa tête est ornée d'une couronne de myrte. Une draperie violacée couvre une partie de ses reins. Elle a la main droite sur l'épaule d'Alcibiade, qu'elle tient de la main gauche par le bras. Son visage exprime le chagrin et la volupté.

Socrate tient Alcibiade à brasse-corps de la main gauche, et lui indique de la main droite qu'Athènes l'attend. L'embarras et la beauté de ce jeune homme sont remarquables, ainsi qu'une fille qui veut retenir Socrate, à qui elle offre une rose en lui posant en même tems une couronne sur la tête. Cette belle fille a sur le corps une chemise de mousseline, ceinte d'un ruban bleu. Cette chemise, relevée sur les reins, laisse à nu ses belles fesses.

A côté du lit est une table en trépied, à dessus de marbre vert antique, sur lequel on remarque un collier de perles, des roses et deux vases de forme élégante.

Le parquet de cet appartement est jonché de roses et de diverses fleurs. Une canne est posée sur une couronne de roses.

La tête de Socrate est faite d'après son buste. Ce tableau a vingt-neuf pouces de large, sur vingt de hauteur.

124. Tableau peint par Garnier, de même grandeur que le précédent; il représente Anacréon à l'âge de quatre-vingt-cinq ans, assis sur un lit de repos, placé dans un sallon orné de colonnes cannelées, qui font partie d'un péristyle ombragé par des arbres. L'appartement domine sur la mer Égée. On remarque à côté d'Anacréon une belle fille qui a une de ses mains passée derrière son cou, et une partie de son visage appuyé sur celui d'Anacréon, qu'elle regarde amoureusement; elle a sa main droite dans celle du vieillard, qui a la tête ceinte d'une couronne de roses et de lierre : sa gaîté s'exprime par son regard voluptueux, ardent. Il pose de la main droite une couronne de lis et de roses sur la tête de cette charmante fille, vêtue avec deux draperies,

une blanche, et l'autre bleue. L'épaule droite est nue ; elle a une partie de son sein découvert, ainsi que la hanche et une belle chute de reins.

Anacréon a sur l'épaule un manteau jaune qui couvre ses cuisses, et laisse à découvert un corps bien musclé.

Le lit est couvert d'une draperie rouge. Une des jambes d'Anacréon est posée sur un marche-pied. Le plancher est couvert d'un beau tapis.

Les brodequins du poëte sont noués avec des courroies vertes. On remarque sur le lit un rouleau, et au pied la lyre d'Anacréon et une belle aiguière d'or.

Un jeune esclave nu, ayant l'épaule couverte d'un manteau rouge, porte de la main droite une coupe remplie de vin. Une colombe perchée sur son bord boit dans cette coupe. Ce jeune homme puise de la main gauche, du vin dans une jate. Distrait par la jeune fille, il laisse pencher sa coupe, d'où le vin s'écoule dans la jate qu'une jeune esclave tient sur un trépied orné de grifons. A l'opposé est un vase rempli de roses, de lis et de fleurs bleues.

Anacréon, né sans ambition, sans jalousie, ne se livra jamais aux mouvemens de la haine ni de la calomnie, parce que son ame était noble et élevée ; il avait l'esprit enjoué et charmant, l'imagination riche et fleurie, le cœur sensible et voluptueux. Sa phisionomie était fine et délicate, ses yeux pleins de feu ; il vécut délicieusement jusqu'à quatre-vingt-cinq ans ; il goûtait le bonheur et le faisait goûter aux autres ; ce qui est la vraie philosophie ; il se retira à quarante-quatre ans dans une campagne délicieuse, où il partagea son tems entre les Muses et ses amis.

125. Tableau peint par Callot ; il représente le Pont-Neuf, la Samaritaine, la place Dauphine, le perron et la statue de Henri IV ; la porte de Bussi, qui commandait le Pont-Neuf ; elle est flanquée de deux tourelles. Sur la même ligne sont les deux tours de Nesle. Devant la porte de Bussi est un pont composé de quatre arches, qui fait connaître que la rivière passait par les rues Saint-André et de Seine. La rivière est couverte de bateaux, et de chevaux qu'on mène à l'abreuvoir. Longueur du tableau, vingt-deux pouces, sur treize de hauteur.

126. Le pendant représente le Louvre, la grande galerie, le pont de bois qui était sur la rivière, vers le milieu des Tuileries ;

de l'autre côté de la rivière se voient les tours de Nesle, une estacade, plusieurs bateaux de formes variées du côté du Louvre ; près le château on voit deux tours.

Ces tableaux sont d'autant plus intéressans, que Callot a beaucoup gravé et très-peu peint.

127. Tableau peint par Adam Eisheimer, représentant un antre profond, où le jour ne pénètre que par une petite entrée : on y remarque une fontaine en pierres, d'où l'eau sort par un tuyau, et est reçue dans une auge de pierre, devant laquelle sont deux femmes qui égaient du linge ; l'une est en corset et jupe rouge ; l'autre, plus vieille, est en robe grossière et verdâtre. Derrière celle-ci est une femme à genoux, courbée, et s'appuyant sur une main, et secouant du linge dans de l'eau. On remarque dans cette même grotte des chemises et des serviettes étendues. On voit plusieurs personnes dans la partie obscure : une d'elles a sur sa tête une corbeille remplie de linge, qu'elle retient de la main droite ; de la gauche elle tient un panier également rempli de linge.

Vers le milieu de cet antre est du feu allumé, et plusieurs personnes devant.

A l'entrée de la grotte sont deux personnes qui causent. Ce tableau est peint sur bois. Hauteur, neuf pouces; largeur, sept.

128. Tableau représentant une scène assez piquante : une vieille femme tient au collet et entraîne un gars qui a l'air bien penaud ; il a son chapeau sous le bras ; elle lui reproche, devant le notaire, d'avoir fait un enfant à sa fille.

Le notaire, assis dans son fauteuil, a l'air grave. Le clerc, devant une table, écrit, et lève les yeux sur la jeune fille. Derrière est un homme en manteau à l'espagnole, qui présente une rose à une belle femme. Un autre cavalier, en manteau vert, entre par une porte, derrière une vieille femme qui paraît indignée ; elle a le dos tourné à la cheminée. Vingt-deux personnes de tout âge ornent l'étude du notaire, dont les murs sont chargés d'affiches. Ce tableau a un pied de long, sur neuf pouces de haut ; il est de Bilcoq.

129. Tableau peint sur bois, par Baut et Baudouin. On observe sur le premier plan, un troupeau de vaches et de chèvres : un pâtre les précède avec son flageolet. Une bergère qui file, et un jeune enfant, les suivent ; ils parlent à un homme assis. A

l’opposé est un homme portant son paquet
au bout d’un bâton sur son épaule. Le plan
supérieur offre un chemin creux, d’où sor-
tent six cavaliers précédés d’un chien. Longueur du tableau, onze pouces; hauteur,
huit.

130. Tableau peint par les mêmes auteurs; il
offre un paysage, un palais, des maisons,
une rivière, sur laquelle est un coche tiré
par deux chevaux. Le premier plan du tableau offre un âne chargé de légumes, pré-
cédé par un enfant et un chien, et suivi
par une jeune paysane que deux égrillards
regardent de près. Plus haut est une espèce
de coche, dont les deux chevaux mangent
l’avoine dans une auge ambulante. Devant
l’auberge sont deux hommes à table; derrière, une femme enceinte et plusieurs personnages. En avant est une femme qui parle
à un homme, et deux enfans, dont un porte
un panier plein de légumes; plus haut, trois
cavaliers qui vont en chasse, accompagnés
de chiens : un cul-de-jate leur demande l’au-
mône; ils sont arrêtés vis-à-vis une porte
qui avoisine le château; ils parlent à une
vieille femme. Un homme est assis au pied
de la muraille avec son fusil; un autre
homme le sert; deux femmes entrent dans

une maison. Enfin, on voit un homme et une femme qui s'acheminent vers la rivière. Longueur, onze pouces ; hauteur, huit.

131. Moïse sauvé des eaux par les filles de Pharaon. Ce tableau agréable est peint par Lagrenée. Longueur, un pied ; hauteur, neuf pouces et demi.

132. Tableau peint par Lagrenée. Ulysse, après son naufrage, apparaît nu à la princesse Nausicaa, qui venait de laver les tuniques du Roi son père.

133. Tableau de Swingers, élève de Paul Potter ; il représente une vache qui paît, un saule, des buissons, quelques moutons, une jolie paysane qui parle à un enfant qui pêche à la ligne près un pont de planches. Longueur, quatorze pouces ; hauteur, un pied.

134. Tableau du même auteur, représentant une vache blanche couchée, et une autre fauve debout, qui cesse de brouter. On voit sur le même plan un agneau qui broute. Une petite bergère et un pâtre causent ensemble. Ce tableau offre en outre plusieurs arbres, un pâtis, une rivière, un moulin.

135. Tableau peint par Lacroix, élève de Vernet ; il représente une mer éclairée par un soleil couchant, des barques à la voile,

et des pêcheurs qui tirent un filet. Sur le rivage est une femme avec son enfant, et plusieurs personnages. Une tour domine la mer. Longueur, vingt-quatre pouces; hauteur, huit.

136. Tableau peint par Palaméde; il représente une femme et un cavalier debout devant une table, où ils attendent le sort des dés qu'ils y ont jettés; derrière eux, deux autres hommes, également vêtus à l'espagnole, sont très-attentifs à ce coup de dés. Sur le devant du tableau est une femme qui joue de la guitare, et est écoutée par une autre femme. Ce tableau a vingt-deux pouces de long, sur quinze de haut.

137. Vieillard hollandais, assis auprès de son bureau, lisant une lettre qui le fait rire; il est vêtu d'une redingote brune, à revers jaunâtres; le col de sa chemise est rabattu dessus. Son bonnet brun est bordé de blanc. Hauteur du tableau, sept pouces; largeur, cinq.

138. Tableau de Teniers, qui représente un cabaret de campagne, dont le maître engage des voyageurs à s'arrêter chez lui. Une haie, un chien, une église de village, forment l'ensemble de ce tableau, qui a sept pouces de haut, sur cinq de large.

139. Tableau représentant une forêt le long d'une rivière, un troupeau endormi à l'ombre, et le berger sur le bord de l'eau, peint par Breemberg. Longueur du tableau, onze pouces; hauteur, huit.

140. Tableau représentant un melon ouvert, quatre pêches, dont une ouverte; une grappe de raisin et un limaçon. Longueur, treize pouces, sur onze de haut.

141. Tableau de même grandeur, représentant une pomme de rambour, deux poires, trois pommes d'api et une grappe de raisin noir.

142. Tableau représentant *le verrou*, de Fragonard. Hauteur, un pied; largeur, huit pouces.

143. Tableau peint par Chardin; il représente une paysane endimanchée, balayant un cellier, où il y a deux tonneaux sur chantier et des bouteilles à terre. Ce cellier est éclairé par un soupirail à grille de fer. La balayeuse a une jupe rouge, un corset brun, un fichu blanc, ainsi que la cornette : on ne la voit que par derrière.

144. Tableau peint par Martin; il représente une campagne, et un âne qui a dans un de ses paniers un enfant d'environ quinze mois. Longueur, dix pouces; hauteur, huit.

145.

145. Tableau peint par Mignard ; il représente mademoiselle Dupré , maîtresse du
Grand-Dauphin ; elle est assise dans un
bosquet, sur un tapis , et caresse une petite levrette qui est sur ses genoux. Tableau
ovale de deux pieds de long, sur dix-huit
pouces de large.

146. Tableau peint par Mieris ou Verkolie,
d'une belle composition et d'une belle exécution , représentant une femme assise qui
offre son sein à son enfant, lequel se retourne
pour voir un petit chien qui caresse sa mère.
Derrière elle est une femme qui apporte de
la bouillie. On voit dans le fond le lit de la
mère et le berceau de l'enfant. Hauteur,
quinze pouces; largeur , treize.

147. Tableau ovale, peint par Robert; il représente une ruine ornée de figures.

148. Miniature d'un pied de haut, sur huit de
large, représentant l'Annonciation. L'Ange
est malignement beau , la Vierge belle et
souriant.

149. Tête peinte par Rubens, sous glace.

150. Tableau de mosaïque en relief, de Florence, offrant une coupe de lapis, oblon-
gue et renflée, avec des bandes de marbre
jaune antique. Ce vase est posé sur une
plinthe de jaspe rouge. Sur un de ses bords

D

court un lézard en jaspe vert-foncé et à taches rouges. Les bords de cette coupe sont ornés d'agate rubanée blanche et brunâtre. Au milieu de ce vase est une poire en jaspe, d'un blanc verdâtre et rougeâtre, ayant un pédicule d'or. Sur le côté est une autre poire en agate d'un gris bleuâtre, avec un pédicule et deux feuilles en jaspe vert et jaune. Plus bas, deux cerises en jaspe, à queue d'or; une olive en jaspe vert veiné, à pédicule d'or, et une pomme en jaspe rougeâtre; plus, une belle grappe de raisin, dont les grains sont en améthyste; une tulipe et une rose. Cette belle mosaïque a dix pouces de haut, sur six de large. Le fond de ce tableau est en marbre noir.

151. Mosaïque de Florence, en marbre rapporté, représentant un village, une fortification, et une tour sur le bord d'un lac, où une barque va à la voile, avec un homme qui la dirige.

Sur le premier plan on remarque six hommes, dont trois pêchent à la ligne; le quatrième est assis, et a sa tête appuyée sur ses mains. Son chien est devant lui, assis sur son derrière. On remarque sur le devant deux Arméniens très-bien vêtus, causant ensemble.

Il y a dans ce tableau, qui a quatorze pouces de long, sur dix de haut, plus d'harmonie, moins de confusion que dans tous ceux de ce genre.

152. Tableau de mosaïque ancienne, de onze pouces de haut, sur sept de large, représentant l'arc de Titus.

153. Tableau rond, en émail de Limoges, représentant Assuérus, Esther et Mardochée.

154. Tableau chinois, peint sur verre, représentant une femme dans un jardin.

155. Autre tableau chinois, représentant une femme dans un jardin, qui parle à son enfant.

156. Tableau ovale, en marbre de Florence onduleux, où l'on a peint un fort, deux vaisseaux et quatre barques de pêcheurs. Longueur, dix-huit pouces; hauteur, dix.

157. Autre tableau sur une tranche du même marbre, où on a peint un combat naval entre deux gros vaisseaux. Quatre bâtimens sont dans le lointain : un d'eux tire des coups de fusil.

158. Copie faite par le Poussin, de la belle peinture à fresque qui est à la Villa-Aldobrandi, située dans la partie la plus élevée du mont Quirinal. Cette fresque, connue sous le nom de *Noce aldobrandine*, déco-

rait la maison de Mécène. Les plus grands peintres l'ont étudiée, et l'ont copiée.

La jeune fille, destinée à passer dans les bras d'un homme, est assise sur un lit. Près d'elle est une femme qui l'initie au manége érotique. Au chevet de ce lit est le mari, couronné de pampres, qui est brûlant d'amour. Au pied du lit, vis-à-vis la fiancée, est une femme appuyée sur un cippe; elle verse de la main droite des parfums dans un vase. Derrière celle-ci sont des matrones qui entourent un autel, sur lequel est un vase de purification. Vis-à-vis le mari sont deux jeunes femmes qui brûlent des parfums sur un trépied; une troisième joue de la lyre.

159. Tableau peint sur albâtre; il représente Saint Pierre assis devant le coq qui chante. Le cadre, à double moulure en ébène, a intermédiairement un cadre en jaspe fleuri rouge. Aux quatre angles sont des bandes de nacre de perle, qui portent chacune quatre beaux diamans taillés en rose. Un d'eux est cassé. Hauteur, treize pouces, sur onze de large.

160. Modèle de la frégate donnée par les États de Languedoc; elle est de deux pieds et demi de long, et d'une exécution remar-

quable ; elle porte ses chaloupes ; elle est sous une cage à châssis, de bronze doré.

161. Table en roche orbiculaire d'Olmeto , composée de feld-spath blanc et de hornblende verdâtre; elle est entourée de granit rose d'Égypte. Elle a deux pieds quatre pouces de long, sur un pied deux pouces de large.

162. Deux beaux vases faits avec une roche composée de jade quartzeux blanchâtre, et de hornblende verdâtre, sur des dés de marbre jaune de Sienne, de la hauteur d'un pied.

163. Deux vases d'une roche composée de jade d'un blanc grisâtre, avec de l'hornblende d'un vert noirâtre. Ces vases sont évidés, et les anses prises dans le morceau. Hauteur, un pied, sans le couvercle. La plinthe est de marbre blanc.

164. Tablette de griotte d'Italie.

165. Tablette de Portor.

166. Tablette de Tarentaise.

167. Tablette de roche , composée de quartz laiteux verdâtre , et de hornblende d'un vert noirâtre.

168. Tablette de brêche dure verdâtre, composée de jaspe d'un vert plus clair, de quartz blanc laiteux, et de portions de schorl.

169. Deux tablettes de brêche brune et blanche antique.

170. Deux tablettes de marbre gris, à taches
rouges, connu sous le nom de cervelat.

171. Vasque en rouge antique, de quatre
pouces de long, sur deux de large, portée
sur une triple plinthe de vert de mer, de
bleu turquin et de brocatelle. Au milieu de
la vasque est un Terme portant du bras
gauche une divinité égyptienne.

PIERRES PRÉCIEUSES, AGATES, JASPES (*).

172. Plaque d'agate rubanée, purpurine, ovale, ayant cinq pouces sur quatre. Le pourtour interne est cristallin blanc ; le centre est d'un lilas tendre.

173. Saphir-topaze, de sept lignes de long, sur cinq lignes de large, monté en bague, dont le chaton s'ouvre à charnière. Ce saphir est bleu à une extrémité, et d'un jaune tendre dans le reste. Il y avait une pierre semblable parmi les bijoux de la couronne des Rois de France.

174. Aventurine rougeâtre, ovale, de dix lignes de long, sur huit de large, montée en bague.

175. Superbe topaze orientale, de onze lignes de diamètre, montée en bague.

176. Hornblende chatoyante, en partie cristallisée, montée en bague ; elle a dix lignes de long, sur sept de large.

177. Belle améthyste ovale, ayant neuf lignes, sur sept, montée en bague.

(*) La description de ces objets n'est pas méthodique, parce qu'en la faisant on a suivi l'ordre des places qu'ils occupent dans les cages.

178. Lumachelle supérieurement opalisée, de treize lignes de long, sur sept de large, montée en bague, avec un cercle d'émail noir.

179. Pierre de Labrador, saphirine de six lignes, sur cinq, montée en bague.

180. Jaspe rubané, d'un gris verdâtre, de différentes nuances, de Sibérie, de trois pouces, sur deux.

181. Plaque ovale de poudingue, de quatre pouces de long, sur trois de large.

182. Plaque de sardoine onyx, à zones blanches et brunes, de trois pouces et demi, sur deux pouces neuf lignes.

183. Corne d'Ammon spatheuse, à cloisons pyriteuses.

184. Agates rubanées, pourpres et bleuâtres, dont le centre est cristallin. Ces deux morceaux réunis ont huit pouces de long, et ont quelque ressemblance avec des ailes de papillon.

185. Agate rubanée, rouge et blanche, avec une bande cristalline d'un pouce d'épaisseur, avec une zone rouge de sang, de deux lignes. Le centre est cristallin et violacé. Ovale de quatre pouces, sur trois.

186. Brèche dure, de la plus grande beauté, formée de fragmens d'agates rubanées de

différentes couleurs, empâtées dans du quartz améthysté. Ovale de trois pouces et demi, sur deux pouces trois lignes.

187. Jaspe à fond jaunâtre, ayant au centre une figure qui représente un homme en perruque, avec un bonnet hupé ou panaché. Le reste du vêtement représente assez bien une robe de médecin. Ce jaspe a trois pouces sur deux, moins quelques lignes.

188. Agate dont le fond est rouge-foncé, où l'on voit deux têtes d'homme sous un bonnet d'une couleur rosacée : l'un bâille, l'autre a la bouche fermée. Cette agate a deux pouces, sur un pouce et demi.

189. Silex dont le fond est d'un gris-jaunâtre, avec une tête de Nègre bien marquée. Ce silex a deux pouces moins quelques lignes, sur un pouce.

190. Marbre fond noir, madréporé, à cellules ovales, alongées ; tablette de trois pouces et demi, sur deux pouces et demi.

191. Jaspe rouge, lardé de beaux cristaux d'améthyste ; plaque de trois pouces trois lignes de long, sur trois pouces de large.

192. Jaspe vert sanguin, guilloché ; plaque de trois pouces trois lignes, sur deux pouces et demi.

193. Plaque semblable.

194. Agate cristalline vermicellée rouge; plaque de trois pouces deux lignes, sur deux pouces et demi.

195. Bague d'aventurine blanche, de quatorze lignes sur six.

196. Bague de sacrificateur, d'un seul morceau d'agate onyx.

197. Plaque de bois agatisé, veiné, de trois pouces quatre lignes, sur deux pouces et demi.

198. Plaque de lapis tacheté de blanc, de trois pouces trois lignes, sur deux pouces de large.

199. Agate cristalline brunâtre, en plaque de trois pouces sur deux.

200. Agate rubanée grisâtre, dont le centre est cristallin; plaque de trois pouces, sur un pouce et demi.

201. Plaque de sardoine orientale, jaunâtre et rouge.

202. Agate cristalline herborisée et grise, opaque, de trois pouces, sur un pouce et demi.

203. Plaque de jaspe rouge, de trois pouces, sur deux pouces et demi.

204. Malachite ondée, plaque de deux pouces trois quarts de long, sur deux pouces de large.

205. Agate jaspée, jaunâtre et verdâtre, en

partie cristalline. Ces deux morceaux réunis offrent un médaillon encadré, avec un nœud. Ces plaques ont quatre pouces de large, sur deux pouces et demi de haut.

206. Plaque de malachite mamelonée, soyeuse, de trois pouces sur deux.

207. Agate jaspée grise et blanche, rubanée et ondée; plaque de trois pouces de long, sur deux pouces de large.

208. Plaque de jaspe rouge-foncé et d'un rouge-brun, de trois pouces de long, sur deux pouces de large.

209. Plaque de feld-spath vert chatoyant, de Sibérie, de deux pouces et demi de long, sur un pouce et demi de large.

210. Plaque de jaspe-agate ondée, grisâtre et rougeâtre, de deux pouces et demi de long, sur deux pouces de large.

211. Jaspe rubané rougeâtre, avec une côte blanche veinée, noire; plaque de deux pouces et demi, sur un pouce quatre lignes.

212. Jaspe zoné, jaunâtre et verdâtre, de Sicile; plaque de deux pouces carrés.

213. Jaspe-agate rouge et veiné jaune; plaque de trois pouces sur deux.

214. Agate cristalline rubanée, ondée, à zones améthystées; plaque de deux pouces et demi, sur deux pouces.

215. Plaque de roche orbiculée d'Olmeto , composée de feld-spath blanc et de hornblende verte.

216. Sardoine blonde, avec des zones de sardoine brune. Le centre est cristallin. Ces deux plaques réunies ont quatre pouces et demi de large , sur trois et demi de long.

217. Jaspe-agate grisâtre , à petites taches rouges ; plaque de trois pouces de long , sur un pouce et demi de large.

218. Agate herbée , à taches jaunes , sur un fond d'un gris-rougeâtre. Cette plaque , creusée , a trois pouces de long , sur deux pouces de large.

219. Plaque de jaspe panaché , rouge , vert et jaune , de trois pouces de long , sur deux et demi de large.

220. Silex jaspé , à zones jaunes , dont le centre est rouge et comme dendrité ; plaque de trois pouces , sur deux pouces et demi.

221. Jaspe-agate , à taches jaunâtres et lie de vin ; plaque de trois pouces , sur deux.

222. Plaque d'ophite ou de serpentin , de trois pouces sur deux.

223. Plaque octogone , creuse , de poudingue ou brêche , composée de petits cailloux noirs , gris , et à écorce noire. Longueur , trois pouces ; largeur , deux.

224. Plaque d'agate blanche, jaspée en jaune. Longueur, trois pouces; largeur, deux.

225. Plaque de jaspe d'un brun rougeâtre et verdâtre, où l'on apperçoit la figure d'un oiseau.

226. Brêche dure, violacée et verdâtre, à petits fragmens; plaque octogone, de trois pouces de long, sur deux pouces de large.

227. Plaque de bois agatisé, brun, rougeâtre, jaunâtre, et comme strié, de trois pouces sur deux.

228. Deux plaques de jaspe, d'un gris brunâtre, avec des zones blanches, qui sont figurées en cœur, de manière qu'elles en offrent cinq. Du centre sort une flamme d'un brun-rougeâtre, qui se diverge.

229. Brêche dure, composée de fragmens d'agate jaspée, rubanée, empâtée dans du quartz; plaque de trois pouces, sur deux.

230. Agate orientale, qui paraît renfermer de la mousse verte; plaque de trois pouces, sur deux.

231. Bois agatisé, dont les fibres sont noueuses; il est veiné et brunâtre.

232. Agate rubanée, à zones blanches, noires et bleuâtres, offrant une espèce de fortification; plaque de trois pouces de long, sur un pouce et demi de large.

233. Plaque de jaspe rouge et gris , de deux pouces carrés.

234. Silex blanchâtre et gris-foncé, avec des zones concentriques alongées ; plaque de deux pouces carrés.

235. Jaspe-agate jaunâtre, rougeâtre et veinée noir ; plaque de trois pouces, sur deux pouces moins quelques lignes.

236. Agate d'un gris bleuâtre et rougeâtre , avec des sections longitudinales de stalactites ; plaque arrondie , de deux pouces trois quarts de long , sur deux pouces de large.

237. Agate dont le bord extérieur est d'un rouge safrané ; la couche suivante violacée, et le centre cristallin ; plaque ovale de deux pouces trois quarts de long, sur deux pouces de large.

238. Silex jaspé , avec des zones concentriques , alternativement jaunes et rouges-foncés ; plaque en poire, de deux pouces et demi de long , sur deux pouces de large.

239. Segment d'un ananas agatisé ; plaque ronde de deux pouces de diamètre.

240. Silex jaspé, jaunâtre, dont le centre offre des zones concentriques d'un rose tendre ; plaque ronde, de deux pouces et demi.

241. Poudingue-brêche en caillou ; plaque de trois pouces, sur deux.

242. Agate cristalline, avec des bandes on-
dulantes d'un rouge-brun ; plaque de deux
pouces trois quarts, sur deux.

243. Agate dont les bords opposés sont en
jaspe rouge ; les bandes qui suivent, sont
cristallines ; les troisièmes sont violacées ;
le centre est blanchâtre ; plaque carrée, de
deux pouces et demi.

244. Bois agatisé brunâtre, dont les fibres
sont d'une teinte moins foncée ; plaque de
deux pouces carrés.

245. Jaspe-agate, à grandes taches jaunes et
rouges ; plaque de deux pouces et demi, sur
deux.

246. Agate jaspée, en partie cristalline ; le
reste vermicellé, café au lait ; cette plaque
a deux pouces carrés.

247. Caillou d'Égypte, à zones concentriques onduleuses, de différentes nuances de
brun ; plaque de deux pouces et demi, sur
un pouce neuf lignes.

248. Bois agatisé, à bandes jaunâtres, et d'autres d'un brun-clair ; plaque de deux pouces quatre lignes de long, sur deux pouces
de large.

249. Jaspe vert antique sanguin, à bandes de
nuances différentes ; plaque de deux pouces
et demi, sur deux.

250. Caillou de Rennes, à fond rouge et taches jaunes rondes; plaque de deux pouces
trois quarts de long, sur deux pouces de
large.

251. Agate orientale, cristalline, rubanée,
brune et jaunâtre; plaque ronde de deux
pouces et demi de diamètre.

252. Jaspe grisâtre, sablé de brun, dont une
partie offre la représentation de la tête d'un
épagneul; plaque ovale de deux pouces.

253. Agate cristalline à l'extérieur et au centre, avec une bande rouge-brun intermé-
diaire; plaque ronde de deux pouces et
quelques lignes.

254. Jaspe rougeâtre et vert rubané, de Sibérie; plaque de deux pouces et demi, sur
un pouce trois quarts.

255. Jaspe-agate, à fond d'un gris rougeâtre, veiné rouge et brun; plaque ovale de
deux pouces.

256. Bois agatisé, brunâtre, blanc et vert,
de Cobourg; plaque de deux pouces carrés.

257. Roche composée de jade et de hornblende verte, dite *smaragdite*, espèce de
verde corsico à petites taches.

258. Jaspe jaunâtre, veiné de brun; plaque
de deux pouces carrés.

259. Agate cristalline, à bandes onduleuses,
violacée

violacée et purpurine; plaque octogone, de deux pouces et demi.

260. Agate jaspée, à grands cercles concentriques, blancs et lilas; plaque de deux pouces carrés.

261. Agate rubanée, blanche et rougeâtre : le centre offre la tête et le corps d'un mouton; plaque ovale de deux pouces trois quarts.

262. Aventurine blanche, plaque ovale de deux pouces.

263. Agate cristalline rubanée. Vers le centre est une zone ondée, jaunâtre. Cette plaque ovale a trois pouces.

264. Jaspe-panthère, à fond brun et taches noires, de deux pouces et demi de long, sur deux pouces de large.

265. Lumachelle blanchâtre; plaque ovale de deux pouces et demi.

266. Jaspe vert olive, de Sibérie; plaque de deux pouces et demi, sur un pouce trois quarts.

267. Héliotrope jaspe-agate, vert sanguin demi-transparent; plaque de deux pouces et demi, sur deux pouces.

268. Jaspe panaché, rougeâtre et blanchâtre; plaque de deux pouces, sur un pouce et demi.

E

www.ingramcontent.com/pod-product-compliance
Lightning Source LLC
LaVergne TN
LVHW021140200726
843510LV00001B/183